VIBRATION FINANCIÈRE

VIBRATION FINANCIÈRE

 VIBRATION FINANCIÈRE

 VIBRATION FINANCIÈRE

CONTENU

Nous avons commencé...

Fréquence de richesse

Qu'est-ce que l'abondance financière?

La fréquence de la richesse et des avantages

Attirer des modèles compatibles

Comprenez votre bourdonnement vibrant

Qu'est-ce que l'équilibre vibrationnel

Changer votre vibration

Créer ce que vous voulez

Apprenez la différence entre le désir et le détachement

Les avantages de la planification de la richesse financière

VIBRATION FINANCIÈRE

 VIBRATION FINANCIÈRE

Nous avons commencé...

Ce livre est destiné à vous aider à atteindre la prospérité financière en puisant dans vos ressources intérieures dont vous ignorez peut-être l'existence. Vous apprendrez qu'en faisant passer vos vibrations et fréquences émotionnelles du négatif au positif, vous pourrez rester concentré et influencer les autres pour qu'ils réussissent plus facilement et avec moins d'efforts.

 VIBRATION FINANCIÈRE

Fréquence de richesse

Pensez-vous qu'il existe des choses comme les vibrations ou les fréquences de la richesse? Aujourd'hui, être prospère ou réaliser généralement ce que l'on veut dans la vie semble impliquer plus que le simple fait de disposer des ressources, de la détermination et des compétences adéquates. Posséder les ondes cérébrales droites est également important, peut-être même le plus important de tous.

Qu'est-ce que la fréquence de la richesse?

Des études suggèrent que la méditation réduit les ondes cérébrales à une fréquence plus basse qui est la meilleure pour la relaxation et la concentration. C'est ce que l'on appelle un alpha faible. Vous pouvez

 VIBRATION FINANCIÈRE

également abaisser vos ondes cérébrales à la fréquence Thêta, qui est la meilleure pour se manifester ou rêver de façon lucide. Cependant, pour être en phase avec la fréquence de la richesse, les experts recommandent d'augmenter vos ondes cérébrales.

Fréquences émotionnelles

Dans son livre, Power vs. Strength, David a mesuré les fréquences des émotions humaines de 20 à 1 000. Hawkins suggère que dans les basses fréquences, les gens sont solides ou lourds alors qu'ils sont légers et brillants dans les hautes fréquences où nous obtenons les sentiments de paix, d'amour, d'acceptation et d'autres sentiments positifs qui nous permettent de mieux comprendre et de voir plus clairement.

Hawkins propose que lorsque vous êtes dans les basses fréquences, par exemple 20 (honte),

VIBRATION FINANCIÈRE

30 (culpabilité), 75 (deuil), 100 (peur) et 175 (douleur), (fierté), vous êtes plus enclin à la maladie et aux ennuis parce que ces émotions s'épuisent et vous êtes susceptible de répandre plus de culpabilité, plus de peur, etc..., des émotions qui vous entraînent et entraînent les autres avec qui vous entrez en contact.

Lorsque vous êtes aux niveaux de fréquence les plus élevés, vous êtes en mesure d'influencer les autres de manière plus positive. Pour soutenir ce concept, le Global

Le Princeton Awareness Project a détecté une prise de conscience négative juste avant l'attaque des Twin Towers le 21 septembre 2001. D'autre part, elle a détecté un spot positif avant l'inauguration du président Barack Obama, démontrant que les individus sont affectés par les fréquences de l'ensemble et que la terre est affectée par les énergies combinées des individus.

 VIBRATION FINANCIÈRE

Changer les modes de pensée

Augmenter vos ondes cérébrales n'augmente pas nécessairement votre fréquence, mais cela modifie vos schémas de pensée et vous devez le faire si vous voulez réussir à réduire les effets de votre ego sur votre prise de décision et vos relations avec les autres.

Comment pouvez-vous alors trouver votre fréquence pour la richesse? La première étape est évidemment d'adapter vos schémas de pensée à un schéma qui vous permet de penser de manière plus objective et plus claire. La seconde est que vous essayez de vous sortir des fréquences émotionnelles qui vous retiennent.

Acceptation, paix, amour, bonne volonté, courage ; toutes ces émotions sont positives et appartiennent aux fréquences supérieures

 VIBRATION FINANCIÈRE

qui vous permettent d'influencer les autres de manière plus positive.

Selon une étude connexe, un individu opérant à 300 est capable de contrecarrer 90.000 personnes opérant en dessous de 200 niveaux, tandis qu'un individu opérant à 600 (paix) est capable de contrecarrer 10.000.000 personnes opérant en dessous de 200.

La capacité à influencer les autres est la clé pour trouver la fréquence de leur richesse. Cela ne signifie pas que vous ne connaîtrez pas d'échec, mais parce que vous êtes lucide, concentré et en contact avec un niveau de conscience plus élevé, la richesse est beaucoup plus facile à atteindre que lorsque vous fonctionnez aux niveaux de fréquence du drainage d'énergie.

VIBRATION FINANCIÈRE

Qu'est-ce que l'abondance financière?

La vie dont vous avez toujours rêvé peut être réalisée grâce à un état d'esprit et à des actions appropriées. Si vous voulez être libéré de tout souci financier, alors atteignez l'abondance financière. Ce qu'il est et ce qu'il peut faire dans votre vie est incroyable. Voici donc ce que vous devez savoir sur l'abondance financière.

L'abondance financière est une situation où il y a suffisamment de soutien financier pour subvenir à vos besoins et en ajouter quelques autres pour votre confort.

Elle est loin des charges et des soucis financiers et on a le sentiment d'avoir assez

 VIBRATION FINANCIÈRE

d'abondance là où le stress et la pression ne font pas obstacle. Pour atteindre l'abondance financière, vous pouvez suivre ces facteurs essentiels:

Qu'est-ce que l'abondance financière?

1. apprendre à renforcer votre esprit

Apprenez à pratiquer une mentalité d'abondance. Avec cela, apprenez que l'argent n'est qu'une chose matérielle et ne doit pas être source de satisfaction. Bien sûr, qui n'a pas besoin d'argent? Cette mentalité d'abondance est différente de telle manière qu'elle doit être pratiquée pour équilibrer votre vie. Ne laissez pas la cupidité prendre le dessus. Profitez plutôt de votre argent en économisant un peu et en le donnant pour aider. Ainsi, votre motivation devient si positive qu'elle finira par s'aligner sur vos objectifs. C'est ce qu'on appelle obtenir des ondes positives.

2. Acquérir des connaissances

Cela ne se limite pas au niveau universitaire. En fait, de nombreux riches ont moins de connaissances que les pauvres. Ces connaissances signifient qu'il faut adapter ce que vous avez appris (à l'école ou par expérience personnelle) et trouver des moyens de l'utiliser. Ces connaissances se traduiront par votre capacité, où votre capacité peut vous donner une abondance financière. Une vie qui vous passionne compte pour une vie d'abondance. Avec cela, vous pouvez éventuellement gagner de l'argent.

3. L'art de la générosité

Quand vous voulez quelque chose dans votre vie, aidez d'autres personnes à réaliser leurs rêves aussi. On a beaucoup parlé de générosité et l'une des choses qui est vraie est que nous récupérons ce que nous donnons. Cela ne veut pas dire que la générosité signifie donner de l'argent. Oui, c'est possible, mais tout ne compte pas seulement en argent, n'est-ce pas? Pour que vous puissiez mener une vie confortable et abondante, créez donc un environnement positif pour obtenir ce que vous voulez. Cela confirme le vieux dicton : il vaut mieux donner que recevoir.

4. La façon d'investir

N'économisez pas trop d'argent. En fait, la sauver ne signifie pas nécessairement créer une vie abondante. Oui, il est important d'épargner pour couvrir les urgences et les dépenses imprévues, mais cela ne doit pas être un moyen d'alléger votre charge financière. Ce que vous devez faire, c'est investir. Investissez dans quelque chose qui vous donnera un rendement important sur

VIBRATION FINANCIÈRE

une période donnée. Avec cela, il y a de fortes chances que vous puissiez gagner plus de revenus que votre emploi.

 VIBRATION FINANCIÈRE

La fréquence de la richesse et des avantages

La loi des vibrations

La loi de la vibration stipule que tout ce qui existe dans l'univers n'est rien d'autre qu'une énergie qui vibre à différentes fréquences. Qu'il s'agisse de la matière physique ou de l'invisible (esprit, chi, etc.), tout vibre dans une certaine mesure.

Selon ce paradigme, tout ce qui existe se trouve dans le continuum des énergies et des fréquences. Une partie est la fréquence de la richesse.

 VIBRATION FINANCIÈRE

En étant capable de toucher et de faire résonner ce ton, vous pouvez créer davantage de cette condition dans votre vie.

David Hawkins : Calibration David Hawkins est venu avec la calibration des énergies et des émotions humaines à partir de 20-1000 fréquences. Les fréquences basses sont denses, les états comme la culpabilité (30), la haine, la tristesse, l'amour et la paix sont dans la fourchette de 500-600.

Le premier état positif d'émotion est calibré à partir de 200 (valeur). Afin d'atteindre les situations et les éléments minuscules qui constituent l'idée de "richesse", ces pièces individuelles doivent être mises en résonance à partir de 200.

Le calibrage n'est pas important ; ce n'est qu'un guide, un chiffre que nous pouvons utiliser pour calibrer le spectre des émotions

 VIBRATION FINANCIÈRE

ou des états humains afin d'obtenir les effets que nous désirons.

Loi de la résonance et de l'attraction

La loi de la résonance et de l'attraction sont des idées similaires mais non identiques. Parce qu'il existe différents types de concepts et d'idées de la richesse, la richesse qui résonne de manière générique attirera les situations qui provoquent l'abondance financière.

La loi de la résonance crée la distinction entre le fait de savoir si vous allez attirer plus d'une chose plutôt qu'une autre. Un exemple est la loi de résonance qui différencie si une chaise ou une table peut se manifester, bien que les deux fassent partie de la catégorie universelle appelée mobilier.

 VIBRATION FINANCIÈRE

La diffusion de fréquences avec une richesse délibérée

En entraînant votre esprit à vivre à cette fréquence et en la chargeant d'intensité et de résonance, en enseignant la même chose à tout le monde dans votre environnement, c'est-à-dire aux employés, aux partenaires commerciaux, et même en chargeant l'espace physique dans lequel vous vous trouvez, vous augmentez la probabilité d'attirer des conditions favorables à la richesse.

Au début, il peut falloir beaucoup d'efforts conscients pour entrer dans cet espace de tête parce que ce n'est pas comme cela que nous pensons, sentons et voyons le monde habituellement. Au fil du temps, vous vous sentirez plus organique et le moment viendra où elle deviendra votre fréquence ou votre état de base.

 VIBRATION FINANCIÈRE

La touche Midas

Une fois que vous devenez naturellement en résonance avec cette fréquence, le phénomène de la "touche de Midas" commence à se manifester dans votre vie. Tout ce que vous touchez semble fonctionner sans effort et naturellement de lui-même, sans rien faire consciemment.

C'est l'une des raisons pour lesquelles le succès engendre le succès. Elle crée l'élan nécessaire à la réussite lorsqu'un succès ouvre la porte à d'autres succès, etc.

La métaphore du système immunitaire

Quiconque a atteint les plus hauts niveaux de réussite s'est naturellement entraîné à penser et à agir sur ces fréquences. Les choses qui ne se produisent pas comme prévu sont contre-nature et sont éliminées, comme le système immunitaire qui tue les envahisseurs.

 VIBRATION FINANCIÈRE

Les maladies sont les négativités, et les fréquences positives (pour la richesse) sont les super-soldats des anticorps du système immunitaire qui se défendent automatiquement et naturellement.

VIBRATION FINANCIÈRE

Attirer des modèles compatibles

Tout dans l'univers n'est que de l'énergie, et si vous regardez assez profondément, vous verrez que tout n'est que vibrations et que ces schémas vibratoires sont ce qui transforme les gaz en gaz et les liquides et les solides en ce qu'ils sont. Cela inclut des éléments intangibles tels que l'esprit et l'âme. Il peut être utile de voir les états de la matière en commençant par l'éther, l'esprit/âme, les gaz, les liquides et enfin les solides.

Cela ne signifie pas que vous pouvez déplacer physiquement des objets lourds avec votre seul esprit, bien que certains prétendent pouvoir le faire grâce à la télékinésie.

Cela dépasse le cadre de ce livre.

Le but de la manifestation par l'attraction de modèles énergétiques compatibles est de créer un chemin de moindre résistance où la manifestation est possible et est un meilleur chemin que le contraire de ce que nous voulons.

Une explication de la chance et de la malchance

"Si vous créez en vous-même et sans les conditions dans lesquelles un événement est plus facile à engendrer, ce que nous considérerions comme de la "chance", cette chance devrait être plus facile à manifester dans un environnement plein de négativité et de forces qui disent le contraire, conditions qui comprennent la "malchance".

En raison de la récente popularité de "Le secret", beaucoup ont mal compris l'idée de n'être que des illusions et de ne pas agir. L'action, c'est aussi l'énergie. C'est une composante de la force, une force physique qui utilise l'énergie intangible et les vibrations créées pour faire bouger les choses dans le monde réel.

Aspects pratiques de l'utilisation de l'énergie dans le monde réel

Il n'y a que l'attrait de situations, de personnes et d'événements idéaux. La puissance de ces effets générés par ce canal existe dans les domaines plus subtils et intangibles, par opposition aux actions physiques qui sont plus fortes. Il est irréaliste de déplacer physiquement un objet qui pèse une tonne par ces moyens. Cela nécessite de l'énergie mécanique, des outils et des dispositifs tels qu'une grue.

 VIBRATION FINANCIÈRE

Et comment une grue se manifeste-t-elle?

Vous pouvez appeler l'entreprise qui loue de grandes machines industrielles. Vous pouvez établir des contacts et vous faire des amis au sein de l'industrie des machines lourdes. Vous pouvez visualiser intensément, agir comme si vous aviez déjà la grue. Il ne s'agit pas simplement de les utiliser les uns sur les autres, mais d'appliquer le plus grand nombre possible de méthodes de travail pour atteindre cet objectif.

Je doute que l'on puisse manifester une grue avec son seul esprit, sans parler d'un objet d'une tonne à léviter ailleurs. Ce n'est tout simplement pas réaliste et basé sur la fantaisie!

VIBRATION FINANCIÈRE

Créer des modèles compatibles pour la richesse et l'abondance

L'exemple ci-dessus parle d'un objectif très spécifique qui peut être résolu par des moyens mécaniques, c'est-à-dire une grue. Cependant, pour concevoir une condition de vie générale avec de nombreuses variables, approches et résultats possibles, nous ne pouvons pas simplement réduire un problème à une seule chose comme la grue. Et c'est là que l'on frappe la loi de l'attraction, ce qui attire ce qui attire ce qui peut être utile.

En créant les bonnes vibrations et énergies en nous-mêmes et dans nos entreprises, nous sommes en mesure d'attirer des allumettes, des personnes et des ressources qui ne nous tomberaient pas dessus normalement, apparemment sans bonne chance. Parce que nous avons créé les bonnes signatures énergétiques pour que ces variables soient non seulement attirées mais résident de manière congruente dans notre espace.

 VIBRATION FINANCIÈRE

En bref, il s'agit de créer les bonnes énergies pour magnétiser les actifs et créer un cadre durable dans lequel les actifs et les ressources peuvent être maintenus de façon organique dans notre espace ou notre sphère d'influence où ces choses sont utiles. Bien qu'ils existent dans le domaine des intangibles et ne puissent être mesurés avec nos appareils scientifiques terrestres, il n'y a rien à perdre à puiser dans cette réserve de pouvoir dont nous disposons tous !

 VIBRATION FINANCIÈRE

Comprenez votre bourdonnement vibrant

Tout crée des vibrations, subtiles et perceptibles uniquement par ceux qui les recherchent. Connaître et comprendre les vibrations, y compris les vôtres, est très important pour vivre une vie prospère et abondante. Il existe deux types de vibrations ou d'énergie : positive et négative. L'énergie positive que vous connaissez déjà vous permet d'influencer les autres et donc d'en faire plus, et l'énergie négative vous tire vers le bas avec ceux qui vous entourent.

Apprendre à identifier les vibrations

Une fois que vous avez appris à identifier les vibrations ou l'énergie, comme les autres les

appellent, assurez-vous de vous en tenir uniquement aux positives, car cela vous aidera à élever les vôtres. Évitez les vibrations négatives qui peuvent diminuer ou diminuer les vôtres.

La première étape à franchir pour pouvoir bénéficier de la puissance des vibrations qui sont continuellement libérées dans l'environnement est d'apprendre à les détecter et à les classer. Il existe une méthode éprouvée pour ce faire. Pensez aux vibrations que vous ressentez lorsqu'un train roule sur ses rails. Il n'y a peut-être pas de vrai train en marche, mais vous connaissez les vibrations qu'il produit.

Détendez-vous et ouvrez vos sens à ce qui vous entoure et vous pouvez le sentir. Cela prendra du temps, mais finalement, et avec de la patience, vous apprendrez à les remarquer. Il est utile de faire des méditations dans lesquelles les bruits ordinaires de la vie quotidienne sont effacés.

 VIBRATION FINANCIÈRE

Avec le temps, vous pourrez même les voir en gardant les yeux hors de portée pendant que vous méditez. Vous devez acquérir la capacité de percevoir les vibrations si vous voulez bénéficier de leurs pouvoirs.

Connaître ses propres vibrations

L'étape suivante, une fois que vous avez acquis la capacité de sentir et de voir les vibrations, consiste à détourner votre attention sur vous-même. Cela demandera un certain temps pour une analyse et une réflexion approfondies sur ce qu'est votre présent. Vous saurez ce qu'elles sont grâce à l'attitude que vous avez à l'égard de certaines choses qui sont d'une importance générale pour les gens et pour vous-même.

Vous devez juste être honnête avec vous-même.

VIBRATION FINANCIÈRE

Il est important de connaître votre drone vibratoire car il a un effet direct sur la façon dont vous vivez votre vie. Il vous serait très difficile d'atteindre vos objectifs dans la vie si vous ne savez pas où vous êtes maintenant.

Rehausser vos vibrations

Après avoir identifié où vous vous trouvez par rapport à vos vibrations de bourdonnement, l'étape suivante consiste à essayer d'augmenter vos vibrations. Il existe de nombreuses façons d'y parvenir, et plus vous vous appliquez, plus il vous est facile de prospérer et de vivre une vie abondante. L'un des moyens qui s'est avéré efficace pour augmenter les vibrations est le maintien d'une bonne santé. Manger des aliments plus sains, boire beaucoup d'eau et éviter les aliments chargés de toxines augmentera vos vibrations. La méditation, l'apprentissage de la relaxation et le développement des bonnes attitudes, la concentration sur les passions de

 VIBRATION FINANCIÈRE

la vie, contribueront également à améliorer vos vibrations.

En général, plus vous êtes heureux, plus vos vibrations sont positives.

Vous pouvez élever vos vibrations à des niveaux encore plus élevés en vous associant uniquement avec des personnes ayant des vibrations positives.

 VIBRATION FINANCIÈRE

Qu'est-ce que l'équilibre vibrationnel

Parce que vous êtes un être vibrant, vous envoyez des signaux qui disent aux autres qui vous êtes. Bien sûr, tous les gens ne reçoivent pas vos signaux, mais ceux dont les signaux sont alignés sur les vôtres. Si vous envoyez des signaux heureux, d'autres personnes tout aussi heureuses les capteront et il y aura une communication dans les deux sens. C'est ainsi que les êtres vibrants communiquent dans un monde vibratoire. C'est ce qu'on appelle attirer des modèles compatibles. Cela favorise l'harmonie.

 VIBRATION FINANCIÈRE

Modèles

Si vous vous reconnaissez comme un être vibratoire, vous voulez attirer les signaux qui vous seraient bénéfiques. Avant de pouvoir faire cela, vous devez comprendre votre bourdon vibratoire. Comment? Vous vous tournez vers l'intérieur. Pour ce faire, il suffit de calmer votre esprit, de bloquer les bruits gênants et d'écouter les signaux que vous émettez.

Vous sentez-vous heureux, triste, frustré, déprimé ou satisfait? Vos vibrations ou vos signaux reflèteront les sentiments que vous éprouvez, et ils recevront les mêmes vibrations de votre environnement.

Équilibre vibratoire

Étant un être vibratoire, votre monde est régi par des signaux que vous émettez et recevez. Avec le temps, vous atteindrez l'équilibre

vibratoire, qui est caractérisé par le signal dominant que vous envoyez et recevez.

La compatibilité apporte la stabilité, mais est-ce le genre de stabilité que vous souhaitez? Par exemple, si vous vivez un stress financier depuis des années et qu'il a cessé de vous causer découragement et frustration, cela pourrait signifier que votre équilibre vibratoire est en accord avec ce type de vie.

La seule façon de modifier un équilibre vibratoire qui vous empêche de faire plus de choses comme devenir plus prospère est de changer votre vibration.

 VIBRATION FINANCIÈRE

Changer votre vibration

Il n'est pas facile d'obtenir un changement permanent des vibrations. Cela ne peut pas se faire, par exemple, en changeant de vêtements, en prenant une douche ou en faisant de l'exercice.

Les bonnes sensations que vous éprouvez en faisant ces choses peuvent modifier vos vibrations, mais seulement temporairement.

Pour modifier votre équilibre vibratoire, vos efforts doivent se concentrer sur la modification des signaux dominants que vous émettez. Une déconnexion permanente de l'environnement qui supporte votre solde négatif doit être votre priorité, sinon vous continuerez à revenir à votre état antérieur.

VIBRATION FINANCIÈRE

Il existe deux méthodes pour passer de votre solde négatif actuel à un solde plus favorable. La première consiste à modifier vos signaux de manière à ce que vous puissiez les repousser de votre environnement.

Vous pouvez concentrer votre esprit et vos énergies sur vos objectifs et cette nouvelle focalisation, incompatible avec votre environnement actuel, changera lentement cet environnement à mesure que vous attirerez de nouveaux signaux. Vous verrez et expérimenterez de nouvelles choses et finalement votre réalité physique s'alignera sur vos nouvelles vibrations.

Une technique efficace pour éviter que votre environnement n'interfère avec vos efforts pour modifier les vibrations consiste à visualiser graphiquement vos objectifs pendant au moins 20 minutes par jour. Mettez-y des émotions fortes et progressivement vous remarquerez que les

signaux que vous captez sont ceux qui renforcent vos vibrations.

Une autre approche consiste à s'éloigner physiquement ou socialement de son environnement actuel. Vous pouvez le faire en vous déplaçant vers un endroit où les signaux sont différents ou vous pouvez cesser de voir des amis paresseux et insouciants.

Une fois que vous avez changé vos vibrations, votre équilibre vibratoire se modifie.

 VIBRATION FINANCIÈRE

Créer ce que vous voulez

Votre esprit est plus puissant qu'il ne peut vraiment conspirer avec l'univers.

Ce que nous disons, pensons et ressentons crée une vibration invisible qui transmet de l'énergie.

Cette énergie conspire désormais avec ce que nous appelons l'espace quantique où tout est illimité et où chacun peut se voir offrir des opportunités. C'est pourquoi il est également considéré comme un être énergétique ; non seulement en raison de facteurs physiques, mais aussi parce qu'il peut recevoir et transmettre de l'énergie. Voulez-vous réussir dans la vie ? Alors apprenez à changer votre vibration.

Ce que vous pensez, ressentez et rêvez dans la vie peut y attirer des vibrations, mais cela ne signifie pas nécessairement que vous l'obtiendrez. Ce ne sont que des parties de l'histoire et ce qui importe le plus, c'est la façon dont vous vous adressez à l'univers pour obtenir ce que vous voulez. Vous créez des vibrations tout en continuant à échanger de l'énergie ; il viendra donc un moment où des circonstances incontrôlables se produiront qui feront que le signal sera perturbé. Avec cela, vous devez harmoniser tout dans votre vie avec ce que vous voulez faire et repousser ceux qui se mettent en travers de votre chemin.

Par conséquent, si une certaine situation vous fait sentir frustré, en colère ou démotivé, elle reflète un signal négatif. Combattez-le en étant entouré de personnes positives et donnez de l'énergie qui vous fera vous sentir bien malgré les circonstances.

 VIBRATION FINANCIÈRE

Le besoin de ressentir votre vibration

Restez en contact avec vous-même en pratiquant un moyen de créer une paix intérieure. Pour rafraîchir les bonnes vibrations, gardez un esprit calme et écoutez votre corps. Cela peut prendre la forme d'une prière ou d'une méditation - quel que soit le nom que vous lui donnez, c'est bien. Il suffit d'éliminer toute pensée et de se concentrer sur le fait d'être calme et en paix.

Vous pouvez faire une longue promenade sur la plage ou simplement prendre des vacances loin de la ville. Pour des raisons pratiques, vous pouvez même avoir un peu de calme ou du temps pour vous dans votre propre chambre. En vous taisant, laissez vos émotions s'exprimer. Sentez tout, criez si vous le pouvez et faites sortir tout cela de votre système. Sentez les signaux de votre corps. Il peut y avoir des moments où vous ressentez des émotions mitigées, car vous pouvez être complètement triste et

finalement ressentir du confort et de la paix. Il y a des moments où vous êtes si heureux et si dynamique. Sentez-les et ressentez votre vibration.

Le changement de vibration

Maintenant que vous êtes équipé pour savoir comment les vibrations réagissent à votre esprit, et comment vous pouvez les ressentir, vous pouvez déplacer votre vibration vers votre objectif. La première chose que vous pouvez faire est de vous déconnecter de l'environnement qui perturbe votre signal. N'ayez pas de pensées négatives ou même de personnes négatives. Voici un conseil pratique: visualisez votre objectif chaque jour pendant 15 minutes.

Sentez vos émotions si fortement et finalement, vous pouvez entendre vos vibrations et savoir comment repousser les choses qui vous bloqueront le chemin. La prochaine chose que vous pouvez faire est de changer votre environnement. Vous pouvez sortir avec des gens qui ont des objectifs forts comme les vôtres, changer le style de votre maison ou même changer votre façon de vous habiller. Tout cela devrait vous faire sentir bien et créer une forte vibration.

À ce stade du livre, vous devez savoir que si vous voulez une vie plus enrichissante, vous devez changer votre façon de penser, et toute votre façon de penser. Voici quelques autres conseils sur la manière de créer et d'obtenir ce que vous voulez: **Conseils...**

Conseil N°1: Concentrez-vous sur les points importants

Ne pensez pas à ce que vous n'avez pas, car si vous le faites, vous n'en aurez jamais assez. Il s'agit là d'un conseil très fondamental qui,

 VIBRATION FINANCIÈRE

une fois pris en compte, influencera de manière significative et positive votre vie.

Changer d'orientation et de sujet changera radicalement votre vie.

Si vous vous concentrez sur ce que vous n'avez pas, votre esprit et votre âme continueront à penser qu'il vous manque quelque chose. D'autre part, lorsque vous prenez l'habitude d'être reconnaissant pour ce que vous avez, vous serez en mesure d'entraîner les énergies positives qui vous entourent à vous donner ce que vous voulez.

Avec ce type de mentalité, vous serez en mesure de trouver facilement des solutions aux problèmes courants et moins courants de votre vie. Vous serez plus ouvert aux réactions positives et aux opportunités qui vous entourent, ce qui vous permettra de gagner plus facilement.

 VIBRATION FINANCIÈRE

Conseil N°2: Définir différemment l'échec

L'une des choses qui empêchent les gens de réaliser de grandes choses est leur peur de l'échec. Nous ressentons tous cela à un certain moment de notre vie. Nous avons peur de l'échec et de subir les conséquences de l'échec.

Cependant, une fois que vous aurez défini l'échec de manière plus positive, les choses changeront radicalement pour vous, y compris votre point de vue sur l'échec.

Ne croyez pas à l'échec. Définissez plutôt l'échec comme une opportunité d'apprendre, d'être meilleur dans ce que vous venez de faire. Sans échec, nous ne serions jamais ce que nous sommes, et ce que nous sommes. Donc, au lieu de considérer l'échec comme quelque chose de plus grand que vous et qui vous fait peur, voyez-le comme une échelle vers vos objectifs. Apprenez à votre esprit à redéfinir l'échec pour qu'il ne soit plus une chose négative qui vous entraîne vers le bas, mais une occasion positive et stimulante de devenir une personne plus complète.

Conseil N°3: Vous êtes le maître de vous-même

Qui est votre patron? Personne d'autre que **VOUS** ne devrait être votre patron. C'est à vous de décider ce que vous voulez qu'il arrive à votre vie. Personne n'est plus responsable de vous que **VOUS**. En reconnaissant et en acceptant le fait qu'il n'y a personne d'autre qui puisse vous aider à construire votre avenir avec succès, vous deviendrez plus mature et inspiré pour faire de meilleures choses pour vous-même.

Il sera désormais facile d'exploiter la puissance de l'univers et de lui faire créer ce que vous voulez pour vous-même. En mettant ces conseils en pratique chaque jour, vous prendrez davantage conscience des aspects positifs qui touchent les personnes qui réussissent autour de vous. Vous pourrez alors exploiter ce pouvoir et le faire fructifier pour vous-même.

 VIBRATION FINANCIÈRE

Apprenez la différence entre le désir et le détachement

Beaucoup de gens, armés des meilleures intentions et compétences, n'obtiennent toujours pas ce qu'ils veulent simplement à cause de leurs idées fausses sur ces deux choses: Le désir et le détachement.

La première chose que vous devez savoir sur les deux est qu'ils ne sont pas des opposés polaires. Cependant, elles sont étroitement liées les unes aux autres car elles peuvent faire en sorte que les lois de l'attraction jouent en votre faveur ou non.

La plupart des gens pensent qu'il s'agit d'un État synonyme de désir ou de besoin.

 VIBRATION FINANCIÈRE

Cependant, en ce qui concerne les lois de l'attraction, le désir est plus que cela. En fait, la meilleure façon d'apprécier l'importance du désir dans la vie d'une personne est de le considérer comme le résultat de préférences personnelles.

Qu'est-ce que le désir?

Savoir ce que vous ne préférez pas dans votre vie peut vous aider à déterminer ce que vous voulez y trouver. Ainsi, le fait de savoir que vous n'aimez pas la nourriture aigre peut vous amener à découvrir que vous aimez la nourriture sucrée ou peut-être épicée. Ces préférences peuvent être considérées comme des souhaits. En d'autres termes, vous voulez simplement manger des aliments épicés au lieu de plats aigres.

Le désir est aussi souvent considéré à tort comme immoral. Certaines personnes considèrent les désirs comme "mauvais" car

 VIBRATION FINANCIÈRE

ils peuvent conduire à la cupidité, à l'égoïsme, à l'envie et à bien d'autres émotions négatives. Mais c'est là qu'ils se trompent une fois de plus.

Prenons l'exemple ci-dessus : est-ce un péché, une immoralité ou un mal pour vous de désirer des aliments épicés au lieu d'aliments acides?

En outre, il existe de nombreux désirs que l'on pourrait difficilement qualifier de mauvais ou, pire, de maléfiques. Certaines personnes souhaitent simplement être en bonne santé. D'autres peuvent souhaiter être en mesure d'aider ceux qui sont dans le besoin.

Détachement

Cependant, le désir peut être contre-productif et devenir votre perte lorsqu'il s'accompagne de sentiments d'attachement - ou de détachement.

- L'attachement: Votre désir est exceptionnellement fort, au point que vous ressentez des émotions négatives à cause de lui. Vous vous sentez sous pression quant à votre capacité à atteindre votre objectif. Vous êtes inquiet et craignez les conséquences si vous n'obtenez pas ce que vous voulez.

- L'altruisme: Le désir est la seule chose qui vous inquiète. Vous ne ressentez rien d'autre. Vous êtes incapable d'éprouver de l'empathie ou de la sympathie pour les sentiments des autres parce que tout ce qui vous concerne est entièrement axé sur l'obtention de ce que vous voulez.

Prenons, par exemple, le cas d'un étudiant qui souhaite obtenir de bonnes notes.

Les sentiments d'attachement peuvent amener l'élève à s'inquiéter sans cesse des résultats des tests et à commencer à souffrir de dépressions nerveuses et d'insomnie. D'autre part, un étudiant ayant le même désir peut utiliser le détachement comme mécanisme d'adaptation. Dans ce cas, l'étudiant passe son temps à étudier au point d'exclure tout le reste, comme manger et dormir régulièrement ou traiter ses proches avec indifférence.

Le désir et le détachement sont évidemment deux choses différentes, mais ils peuvent être vécus en même temps. En fin de compte, c'est au non-attachement que vous devez aspirer si vous voulez que vos désirs soient satisfaits.

Les sentiments de non-attachement vous libèrent des pensées et des émotions négatives et vous motivent en même temps à faire et à penser mieux pour atteindre votre objectif.

 VIBRATION FINANCIÈRE

Les avantages de la planification de la richesse financière

À ce stade, certains d'entre vous peuvent être convaincus que vous savez tout ce qu'il faut faire pour avoir la meilleure attitude et le meilleur état d'esprit afin de profiter de l'abondance financière. C'est bien beau, mais vous devez garder à l'esprit que l'abondance financière exige également des actions intelligentes, stratégiques, pratiques et tangibles. C'est alors que la phase de planification arrive.

 VIBRATION FINANCIÈRE

6 étapes clés pour la création d'un plan d'abondance financière

La planification est un processus qui prend du temps à créer, à compléter et à affiner. Prenez votre temps pour trouver le meilleur plan. Les changements seront plus difficiles et plus coûteux à mettre en œuvre si vous les apportez après que les plans ont été finalisés.

Étape 1: Augmenter le flux de trésorerie

Le premier objectif de votre plan doit être d'augmenter votre trésorerie. Cela ne signifie peut-être pas plus de profits, de revenus ou de ventes, mais cela signifie une plus grande flexibilité financière. Une autre façon d'augmenter votre trésorerie consiste simplement à réduire les coûts. Avec plus d'argent en main, vous vous donnez également un meilleur moyen de résoudre les problèmes, les crises financières soudaines et de profiter des opportunités de gagner de l'argent.

Étape 2: Investir dans la santé et l'assurance

Les problèmes de santé sont l'une des principales sources de dépenses, alors assurez-vous de vous épargner de futurs maux de tête en investissant dès maintenant dans des plans de santé et d'assurance. En parlant d'assurance, il est également préférable d'assurer la plupart - ou mieux encore la totalité - de ce que vous avez qui vaut la peine d'être protégé. Envisagez d'investir dans une assurance vie qui offre également un rendement raisonnable.

Étape 3: Gestion et élimination de la dette

Il est temps d'arrêter de retarder l'inévitable. De nos jours, les dettes sont rarement remboursées. La plupart du temps, il n'y a aucun moyen d'y échapper, il vaut donc mieux se mettre au travail et découvrir quelles sont les dettes les plus urgentes et celles qui méritent un nouveau cycle de négociations avec vos créanciers respectifs. Bien sûr, cela ne veut pas dire que l'endettement est toujours une mauvaise chose.

L'endettement peut se traduire par des rentrées d'argent plus importantes et la possibilité de vous offrir de rares opportunités d'investissement. Veillez à n'emprunter que ce dont vous avez besoin ou du moins ce que vous pouvez vous permettre.

Étape 4: Augmenter votre épargne

Cela ne nécessite certainement pas d'explications supplémentaires. L'épargne est probablement le moyen le plus sûr d'assurer votre retraite et votre avenir en général. N'oubliez pas que l'épargne peut se présenter sous de nombreuses formes ; choisissez donc judicieusement !

Étape 5: Investir

Le revenu passif est toujours essentiel dans tout plan visant à atteindre l'abondance financière. Les investissements sont certainement l'une des sources les plus lucratives de revenus passifs, mais ils peuvent aussi être l'une des plus risquées. Veillez à choisir avec soin l'investissement sur lequel vous allez compter pour votre argent durement gagné.

Étape 6: Planification successorale

Enfin, il n'est jamais trop tard pour commencer à planifier ce qui arrivera à votre succession si, pour une raison quelconque, vous n'êtes pas en mesure de la gérer.

VIBRATION FINANCIÈRE

Rédiger son propre testament et s'assurer qu'il est étanche et légal est une chose que vous pouvez faire vous-même, bien sûr, mais seulement si vous êtes prêt à prendre le temps d'étudier tous les tenants et aboutissants de la planification successorale.

Les étapes ci-dessus sont clairement plus faciles à dire qu'à faire, mais elles ouvriront la voie à l'abondance financière si vous vous engagez dans votre propre plan!

 VIBRATION FINANCIÈRE

Visitez notre site web! Obtenez d'autres livres de MENTES LIBRES!

https://www.amazon.fr/MENTES-LIBRES/e/B08274DDV4?ref_=dbs_p_ebk_r00_abau_000000

Si vous le souhaitez, vous pouvez laisser votre commentaire sur ce livre en cliquant sur le lien suivant afin que nous puissions continuer à nous développer! Merci beaucoup pour votre achat!

https://www.amazon.fr/dp/B089BQWC6G

www.ingramcontent.com/pod-product-compliance
Lightning Source LLC
Chambersburg PA
CBHW071122240526
45465CB00022B/768